나사고둥
Turritella terebra

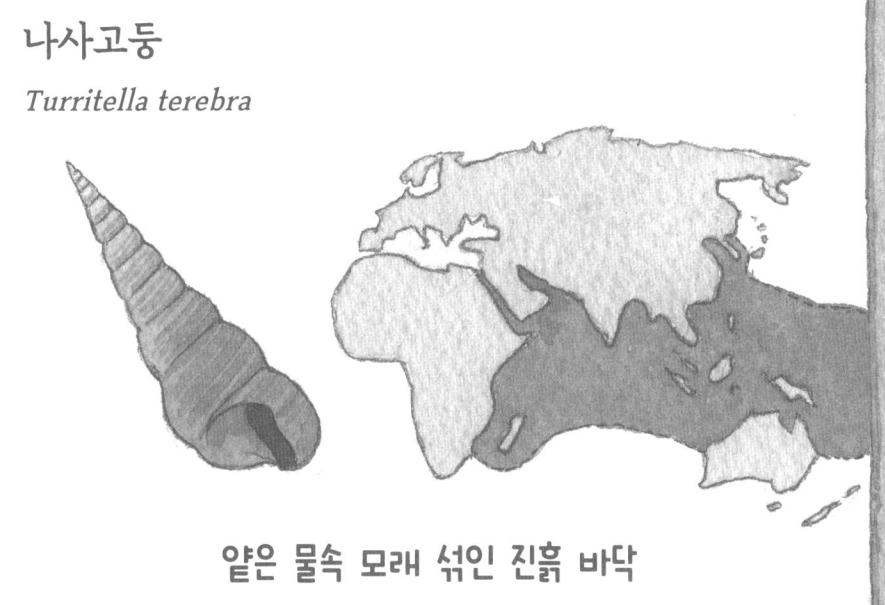

얕은 물속 모래 섞인 진흙 바닥

쇠고둥
Sinistrofulgar perversum

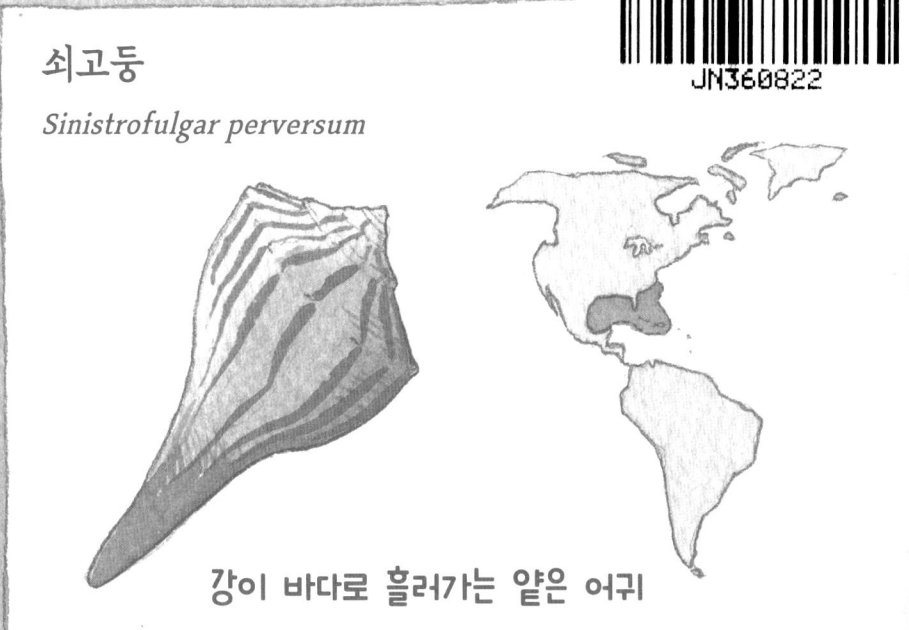

강이 바다로 흘러가는 얕은 어귀

딱지조개
Mopalia lignosa

바위가 많은 조간대(밀물 때 잠기고 썰물 때 드러나는 바닷가 지역)와 바위 사이의 작은 웅덩이

이 책의 주인은

_____

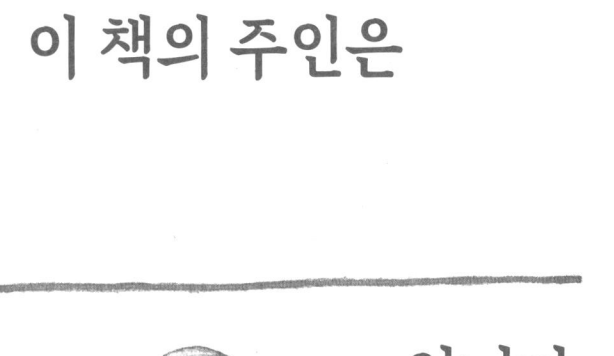 입니다.

뛰어난 예술가이자 좋은 친구인 세라 S. 브래넌에게 - M. S.

이 책에 실린 조개들을 함께 찾아 준 조카 캐서린 앨원에게 - S. S. B.

Seashells: More than a Home

Text Copyright © 2019 by Melissa Stewart
Illustrations Copyright © 2014 by Sarah S. Brannen
Original edition first published by Charlesbridge Publishing Inc.
under the title of Seashells: More than a Home

Korean Translation Copyright © 2020 by Daseossure Publishing Co., Ltd.
This Korean Language Edition is published by arrangement with Charlesbridge Publishing Inc.
through The Agency Sosa.

이 책의 한국어판 저작권은 에이전시 소사를 통해
Charlesbridge Publishing Inc.와의 독점 계약으로 도서출판 다섯수레에 있습니다.
저작권법에 의해 한국 내에서 보호를 받는 저작물이므로 무단 전재와 무단 복제를 금합니다.

조개는 왜 껍데기가 있을까?

글쓴이 멜리사 스튜어트
생물학을 전공한 후 과학 저널리즘으로 석사 학위를 받았습니다. 늘 자연을 관찰하고 체험하며, 그 매력을
독자들과 나누고자 합니다. 자료를 얻기 위해서라면 열대 우림, 사파리, 바다 체험도 마다하지 않습니다.
《새들은 왜 깃털이 있을까?》, 《비가 내리면…》을 비롯해 어린이들을 위한 과학책을 180권 이상 집필했습니다.

그린이 세라 S. 브래넌
하버드 대학교와 펜실베이니아 대학교에서 미술을 공부했습니다. 작업실에서 새처럼 자유롭게 삽화를 그리곤
합니다. 《보비 아저씨의 결혼》의 글·그림 작가로서 많은 주목을 받았고, 《새들은 왜 깃털이 있을까?》를
비롯한 여러 책에 그림을 그렸습니다.

옮긴이 김아림
서울대학교 생물교육과를 졸업한 후 같은 학교 대학원 과학사 및 과학철학 협동과정에서 석사 학위를
받았습니다. 대학원에서는 생물학의 역사와 철학, 진화생물학을 공부했습니다. 현재 번역 에이전시
엔터스코리아에서 번역가로 활동하고 있습니다. 《꽃은 알고 있다》, 《뷰티풀 사이언스》,
《고래: 고래와 돌고래에 관한 모든 것》 등을 우리말로 옮겼습니다.

감수자 박광재
전남대학교 자연과학대학 해양학과를 졸업, 이학박사 학위를 받았습니다. 현재 해양수산부 국립수산과학원
서해수산연구소 양식산업과장으로 근무하며 바다 생물과 양식 산업에 대해 연구하고 있습니다.

조개는 왜 껍데기가 있을까?

멜리사 스튜어트 글 · 세라 S. 브래넌 그림 · 김아림 옮김 · 박광재 감수

다섯수레

조개껍데기는 날마다 전 세계의 바닷가로 밀려와요.
파도 아래 비밀의 세계에서 올라온 보물 같지요.
조개껍데기는 배배 꼬인 것도 있고, 뾰족뾰족하거나
동그랗기도 하고, 울퉁불퉁하기도 해요.
조개껍데기는 여러 가지 역할을 하기 때문에
모양뿐 아니라 크기도, 색깔도 다양하지요.

조개는 잠수함처럼 물속에 잠겼다가 물 위로 떠오를 수 있어요.

앵무조개는 껍데기의 대부분이 가벼운 기체로 채워져 있어서 물에 둥둥 뜰 수 있어요. 잠수할 때면 조개껍데기 안으로 물을 펌프질해서 들여와요. 그랬다가 물 위로 떠오르고 싶어지면 조개껍데기 밖으로 물을 내보내지요.

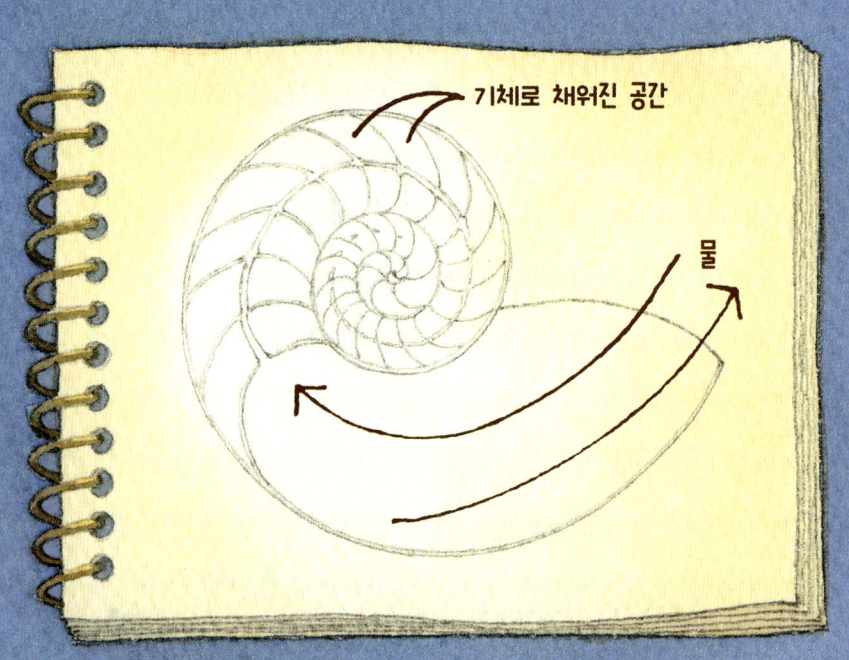

기체로 채워진 공간

물

조개는 배를 멈추려고 내려놓은 닻처럼 물속 바닥에 가만히 머물러 있기도 해요.

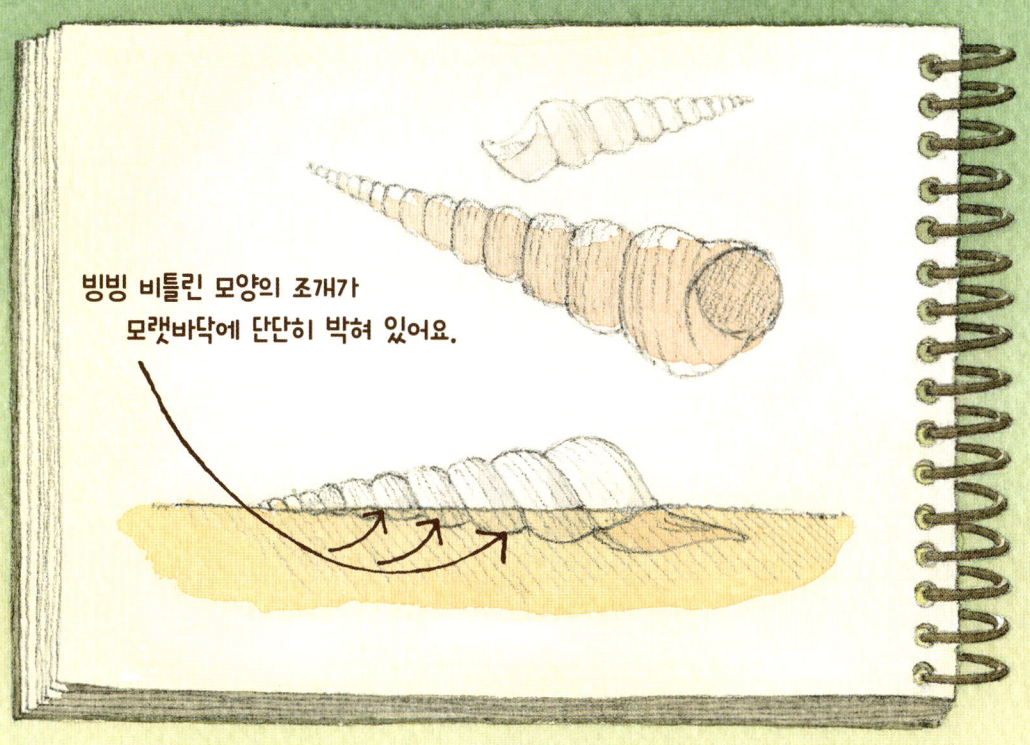

빙빙 비틀린 모양의 조개가 모랫바닥에 단단히 박혀 있어요.

나사고둥은 바닷속 보드라운 모랫바닥에 자리를 잡아요. 그러고는 자기 몸으로 흘러드는 바닷물 속에서 조금씩 먹이를 걸러 먹지요. 나사고둥은 몇 주 동안이나 한곳에 머무를 수 있어요. 나사처럼 생긴 조개껍데기가 바닥에 단단히 박혀 있는 덕분이지요. 조개껍데기가 이 작은 연체동물을 바닥에 고정해 주는 거예요.

조개는 노루발 모양의 쇠막대처럼 뭔가를 열 수도 있어요.

배고픈 쇠고둥은 대합조개 같은 먹잇감을 발견하면 냉큼 그 위로 올라가요.
노련한 사냥꾼처럼 쇠고둥은 자신의 껍데기 모서리를 대합조개의
양쪽 껍데기 사이로 밀어 넣지요. 그러고는 천천히 대합조개를 벌려서
그 속의 미끈거리고 부드러운 조갯살을 후루룩 삼켜요.

그런가 하면 드릴처럼 구멍을 뚫는 조개도 있지요.

조개껍데기의 꺼끌꺼끌한 표면

석공조개는 자신을 잡아먹으려는 동물을 피하기 위해 바다 밑바닥에 구멍을 뚫고 숨어 지내요. 석공조개는 빙빙 돌면서 조개껍데기의 꺼끌꺼끌한 표면으로 주변의 모래나 진흙을 긁거나 갈아 내지요. 시간이 흐르면 깊이가 90센티미터나 되는 굴이 파져요.

조개는 나비처럼 팔랑거리며 물속을 돌아다닐 수도 있어요.

← 물이 뿜어져 나옴
→ 이동 방향

가리비는 바다 밑바닥에서 늘어지게 시간을 보낼 때가 많아요.
하지만 위협적인 동물이 공격해 오면, 가리비는 조개껍데기를 꼭 닫고
얼른 몸을 솟구쳐 피하지요. 가리비 가운데 몇몇 종류는 바다 밑바닥에서
깡충 뛰거나 지그재그로 돌아다니기도 해요. 쏜살같이 물살을 가르며
날아가는 가리비도 있어요.

조개는 아르마딜로처럼 몸을 단단히 말기도 해요.

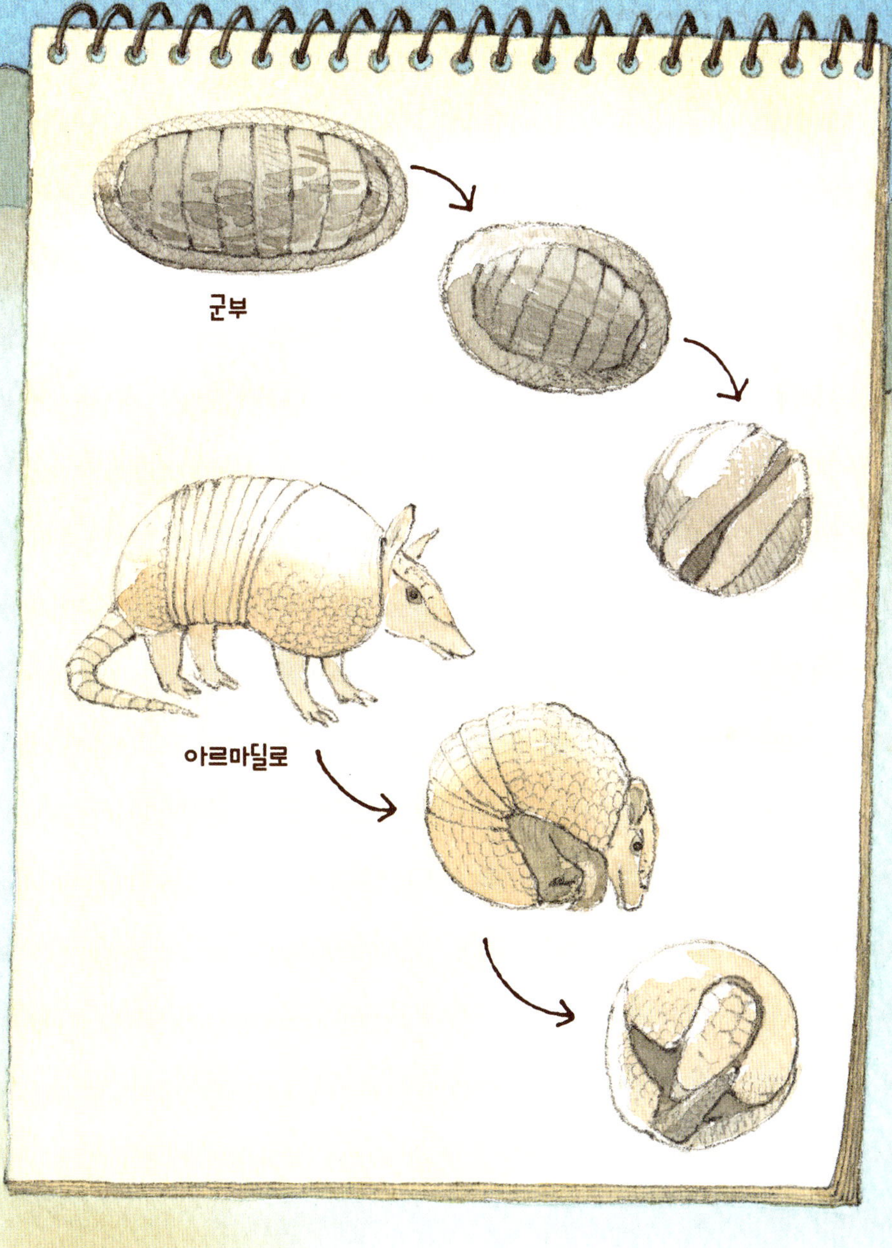

군부

아르마딜로

군부의 껍데기는 꼭 갑옷 같아요. 이 껍데기는
잘 구부러지는 여덟 개의 판으로 이루어져 있어요.
그래서 군부가 쉽게 움직일 수 있지요.
굶주린 해달이 아무리 바위에서 떼어 내려 해도
군부는 끄떡없어요. 군부는 껍데기를 공처럼 둥글게 말아
그 속의 연약한 몸을 보호해요.

조개는 창문처럼 빛을 들여보낼 수 있어요.

하트 모양의 흰꽈리조개는 껍데기의 일부 영역으로 햇빛이 들어와요.
그 덕분에 작은 해조류가 조개껍데기 안에서 살아갈 수 있지요.
해조류는 다른 식물처럼 햇빛을 흡수해서 영양분을 만들어요.
이건 흰꽈리조개에게도 좋은 일이지요. 흰꽈리조개가 해조류를
야금야금 먹으니까요.

조개는 연기를 내뿜는 배의 굴뚝처럼 배설물을 뿜어내요.

모든 동물은 배설물을 몸 밖으로 내보내야 해요.
전복은 조개껍데기 한쪽 가장자리에 여러 개의 구멍이
한 줄로 늘어서 있어요. 이곳을 통해 배설물이 빠져나가지요.

배설물이 빠져나가는 구멍들

전복 껍데기의 반짝거리는 안쪽

짜잔! 스파이처럼 변장하는 조개도 있어요.

기생 동물이 살지 않을 때의 가시굴 껍데기

가시굴은 껍데기 위에 가시가 많아서 해면동물,
해조류를 비롯한 작은 생물이 살기 좋아요. 이런 기생 동물이
수북이 자라서 가시굴 껍데기를 가려 주지요.
그렇게 변장한 가시굴은 굶주린 적들의 눈을 피할 수 있어요.

조개는 위장복을 입은 군인처럼 몰래 숨어 있기도 해요.

납작한 총알고둥은 껍데기의 색깔이 서식지 주변의
해초나 바위와 비슷해요.
그래서 총알고둥은 좀처럼 적들의 눈에 띄지 않아요.

조개는 여러분이 입을 벌리듯 조개껍데기를 벌려요.

홍합은 주변이 안전하다고 여기면
조개껍데기를 벌려요. 그러고는 물속에 떠다니는
조그만 먹이 조각을 빨아들이지요.

그리고 여러분이 눈을 감듯 재빨리 조개껍데기를 닫아요.

위험한 일이 닥칠 것 같으면,
홍합은 조개껍데기를 꽉 닫아
안쪽의 부드러운 자기 몸을 보호해요.

조개는 등대처럼 경고하는 신호를 보내기도 해요.

머리
촉수
눈
발

껍데기가 노란색인 클러스터윙크(작은 고둥류)는 위험을 느끼면, 깜빡거리는 빛을 내보내요. 점점 많은 빛이 퍼져 나오면서 클러스터윙크의 몸은 초록색으로 빛나지요.
이렇게 경고하면 적들이 다가오지 못해요.

튤립달팽이(큰 고둥류)가 가장 좋아하는 먹이는 다른 연체동물이에요.
튤립달팽이는 먹음직스러운 조개를 발견하면 자기 몸으로 먹잇감을
힘껏 들이받아요. 쿵! 쿵! 쾅! 먹잇감의 껍데기가 으스러질 때까지 들이받지요.
그런 다음 그 안의 부드러운 살을 꿀꺽 먹어 치워요.

조개는 바닷가에 파도가 부서지듯 다른 조개를 부서뜨리기도 해요.

그러나 무엇보다도, 조개껍데기는 **근사한** 집이에요.
조개껍데기는 물속 세상에서 튼튼한 요새처럼
연체동물을 안전하게 보호해 주지요.

여러 가지 연체동물

많은 바다 생물이 껍데기에 싸여 있어요. 특히 조개는 몸을 보호하는 단단한 껍데기가 필요하지요. 조개를 포함한 연체동물은 몸이 부드럽고 뼈가 없어요. 그리고 대부분의 연체동물은 근육이 발달한 발로 이리저리 돌아다니지요. 연체동물은 크게 다섯 종류로 나뉘어요.

조개껍데기가 두 개인 이매패류

대합, 홍합, 굴, 가리비는 두 개의 조개껍데기를 열었다 닫았다 해요.
이런 조개들 가운데 몇몇은 모랫바닥에 몸을 묻고 살지요.
바위처럼 단단한 표면에 붙어사는 조개도 있어요.
이들은 대부분 물속에서 작은 먹이 조각(식물 플랑크톤)을 걸러 먹어요.

머리에 발이 붙어 있는 두족류

오징어, 문어, 앵무조개는 머리에 발이 붙은 두족류에 속해요.
앵무조개는 두족류 가운데 유일하게 몸 바깥에 껍데기가 있어요.
두족류는 바다를 헤엄쳐 다니며 먹이를 찾아요.

껍데기가 여러 개의 판으로 이루어진 군부류

군부의 껍데기는 여덟 개의 판으로 이루어져 있어요.
군부는 얕은 바닷물에 살지요. 이들은 바위가 많은 바다 밑바닥을
기어 다니면서 해조류나 해면동물을 먹어요.

나선 모양의 껍데기를 지닌 복족류

달팽이를 비롯한 복족류는 연체동물 중에서
가장 큰 무리예요. 복족류는 대부분 껍데기가 나선처럼
둥글게 감겨 있어요. 이들은 바다나 민물 또는
육지에 살면서 다양한 먹이를 먹고 살지요.

껍데기가 기다란 뿔 모양인 굴족류

굴족류에 속하는 뿔조개는 양쪽 끝이 뚫린 기다란 뿔 모양의
껍데기를 가졌어요. 뿔조개는 바다 밑바닥의 부드러운 장소에
굴을 파요. 그러고는 실 같은 촉수로 작은 동물을 잡아먹어요.

글쓴이의 말

나는 세라 S. 브래넌과 함께 《새들은 왜 깃털이 있을까?》를 먼저 작업했어요. 그 책의 끝부분에는 바닷가를 달리는 소년의 머리 위로 갈매기들이 날아오르는 그림이 담겨 있지요. 그 장면을 본 순간 이 책의 아이디어가 떠올랐어요. 나는 갈매기를 올려다보던 소년이 해변에 흩어진 조개껍데기로 눈을 돌리면서 새로운 발견의 여정을 시작한다고 상상했지요. 나는 그 소년과 마음이 통하는 것 같았어요. 그 아이는 여러모로 나와 닮았거든요.

나는 어린 시절부터 조개껍데기에 푹 빠졌어요. 여름방학이면 미국 매사추세츠주 케이프코드의 바닷가에서 조개껍데기를 줍곤 했죠. 어른이 되고 나서는 코스타리카, 갈라파고스 제도, 하와이, 영국, 케냐를 비롯해 전 세계 바닷가를 탐험했어요. 나는 그동안 쌓인 여행 일지를 쭉 읽어 본 다음 조개에 대한 온갖 책과 논문을 찾아 읽었어요. 인터넷을 뒤지고 대여섯 명의 과학자들에게 문의하기도 했지요. 그렇게 2년이 흘렀지만 자료가 부족해서 나는 집필을 포기해야 했어요.

하지만 1년 후, 하버드 자연사 박물관에서 바닷조개 전시회가 열렸어요. 나는 그 전시회장 안의 서점에서 새로 출간된 조개 책 한 권을 발견했지요. 놀랍게도 그 책에는 내가 활용할 수 있는 사례가 실려 있었어요. 정보를 찾는 새로운 방법도 그 책 덕분에 개발할 수 있었지요. 그리고도 몇 주 정도 지나서야 이 책의 자료 준비를 끝낼 수 있었어요.

– 멜리사 스튜어트

그린이의 말

멜리사처럼 나도 어렸을 때부터 조개껍데기를 좋아했어요. 플로리다주 바닷가에서 패각암(조개와 산호가 주성분인 석회 퇴적물)을 찾아다닌 적도 있지요. 어린 시절에는 '나비 껍데기'라 불렀는데 나중에 알고 보니 그것도 일종의 조개였어요. 나는 해가 질 무렵 바닷가에서 온갖 색깔이 번져 가던 모습이 정말 좋았어요.

《새들은 왜 깃털이 있을까?》에 그림을 그리면서 나는 꿈을 이룬 기분이었어요. 원고에 생생한 그림을 그려 넣을 생각에 가슴이 두근거렸지요. 전부터 나는 멜리사가 바닷조개에 대한 책을 한 권 더 썼으면 하고 바랐어요. 그리고 운 좋게 이 책에도 그림 작가로 참여하게 되었답니다.

이 책에 나오는 조개들을 조사하려고 나는 플로리다주 캡티바 섬의 바닷가로 여행을 떠났어요. 그 전에도 메인주 바닷가에 갈 때마다 홍합이나 가리비 같은 연체동물을 관찰했어요. 바다 생물 다큐멘터리를 보면서 이 책에 나오는 연체동물들이 물속 자기 집에 있을 때 어떤 모습일지 머릿속으로 떠올리려고 애쓰기도 했어요.

나는 어렸을 때부터 바닷조개를 그렸어요. 조개 그리기는 생각보다 꽤 까다롭지만, 독자 여러분도 스케치북을 들고 바닷가에 가서 한번 그려 보았으면 해요. 뭔가를 그리는 건 사물을 선명하게 만날 수 있는 가장 좋은 방법이니까요.

– 세라 S. 브래넌

조개는 왜 껍데기가 있을까?

처음 펴낸 날 2020년 7월 31일 | **세 번째 펴낸 날** 2023년 3월 15일
글쓴이 멜리사 스튜어트 | **그린이** 세라 S. 브래넌 | **옮긴이** 김아림 | **감수자** 박광재
펴낸이 김태진
펴낸곳 다섯수레

기획편집 김경희, 김시완, 정헌경, 장예슬
디자인 이영아
마케팅 이운섭
제작관리 김남희

등록번호 제 3-213호
등록일자 1988년 10월 13일
주소 경기도 파주시 광인사길 193 (문발동) (우 10881)
전화 02)3142-6611 (서울 사무소) | **팩스** 02)3142-6615

제판·인쇄 (주)로얄프로세스

© 다섯수레 2020년

ISBN 978-89-7478-432-4 73490

다양한 연체동물과 그들의 서식지

흰꽈리조개
Corculum cardissa

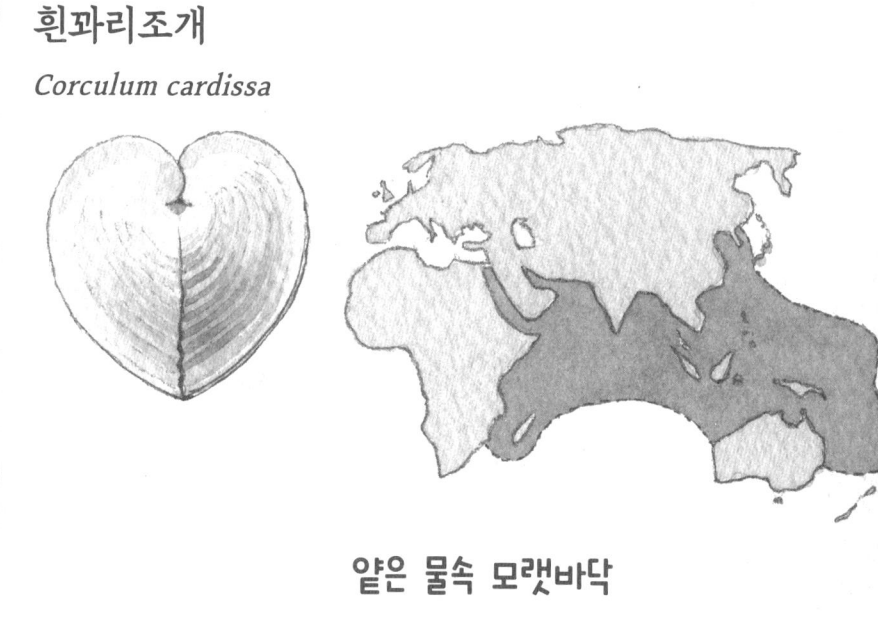

얕은 물속 모랫바닥

총알고둥
Littorina obtusata

바위가 많은 바닷가, 주로 해초 사이

털담치
Modiolus modiolus

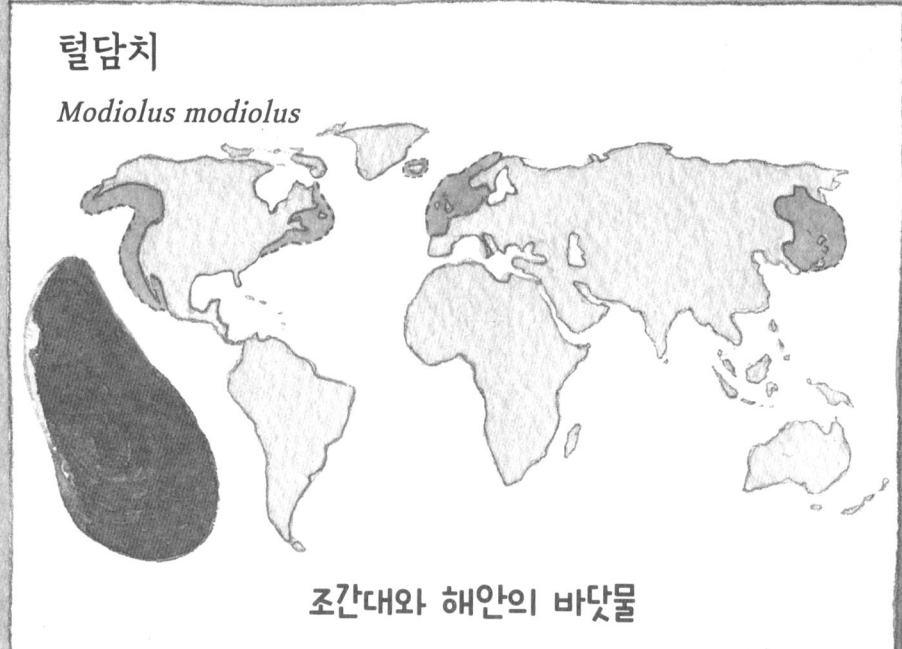

조간대와 해안의 바닷물